SCULPTURE ET MODELAGE

POUR DEBUTANT

MARIE CHRISTELLE DESMOLLES

PREFACE

J'ai débuté en juillet 2014 par la mosaïque et la fimo (pâte polymère).

Puis ayant fait quelques recherches sur des modèles de créations, j'ai exploré toutes les formes de sculpture (bois, argile, pierre). J'ai acheté des ouvrages et fini par créer, en octobre 2015, mes premiers personnages en

modelage mâché  et un visage en argile

rouge.

L'argile m'a bien plut. Alors, j'ai décidé d'investir dans ce domaine.

Dans cet ouvrage je vous propose donc mes créations en argile.

Cela m'a pris beaucoup de temps pour maîtriser la technique mais j'y suis parvenue.

Je vous souhaite une bonne lecture et de très jolies créations

Marie Christelle DESMOLLES

I] LE MATERIEL

La liste ci-dessous énumère tous les outils que j'ai acheté afin de pouvoir créer librement et sans contrainte.

Les mini-outillages vendus en coffret 3 marques

Les couteaux pour sculpter le bois

Scie sauteuse et les lames

Les outils de sculpture (bois, argile, fimo)

Outils de modelage – sculpture

Serre joint

Fausse équerre

Tournevis

Les pinceaux

Bâtons pour sculpture – moulage

Outils poinçon de finition

Accessoires fimo

4 têtes mannequin

Liste de mes fournitures pour faire les tirages (copies) et finitions

Savon noir

Plâtre à modeler

Masse de coulée plastique

Formaform liquid

Catalyseur de silicone

Colle pour stéatite

Talc coulant

Woodstone 1 & 2

Vernis gomme laque blanche

Latex produit à modeler

Silicone RTV 151

Silcotin HB

Vaseline

Peintures acrylique et vitrail

Bande plâtrée

Plastiline

Algibate de moulage nourrisson

Argile

Silicone contact peau

Latex contact peau

Seringue à vis pour pâte polymère

Aiguilles fimo à percer

Alcool polyvinylique

Cire de séparation

Alun de potasse

Boite vide avec couvercle

Agent de démoulage

Couche de fond pour pièces moulées

II] LE MODELAGE EN ARGILE

LA FEMME AFRICAINE

Avant tout je fabrique la petite statuette en argile.
N'ayant pas de four céramique durant la création de la
chape, elle s'est un peu abîmée. Heureusement avec de
la colle 3D, j'ai pu recoller les morceaux.

Le fait de peindre donne un meilleur rendu de la
statuette. Ne pas mettre de cheveux au début, car pour
les tirages cela peut s'avérer compliquer.

Donc, une fois que j'ai modelé la statuette en argile, j'ai
attendu le séchage. La terre devient toute blanche.

Par la suite, j'ai mis de la couleur afin de la faire cuire
plus tard, mais surtout voir le rendu final.

Je n'ai pas mis de vernis. Avec l'expérience, il s'avère que
le fait de mettre ce dernier permet une meilleure tenue
et de la peinture et de la solidité.

Création de la chape et de la silicone afin de permettre
les tirages. Il faut savoir qu'une ouverture est nécessaire
pour permettre le démoulage de ces derniers.

Je vous propose de voir tout cela en image.

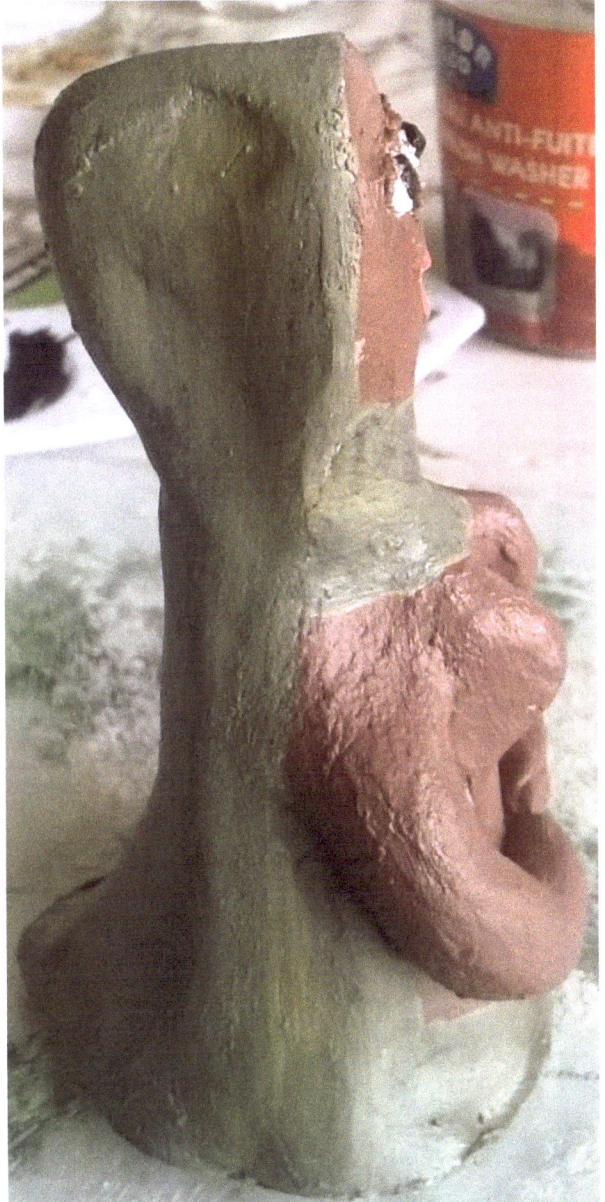

La femme africaine avec la chape.

Cette dernière va permettre un meilleur maintien du moule lors du tirage.

La chape, le moule et le tirage. Finition avec des cheveux synthétique, qu'on peut acheter à moindre coût dans les magasins de vente (perruque, tissage, rajout). Afin de permettre un meilleur démoulage, il faut couper une partie du moule.

LA CHOUETTE

Comme pour la femme africaine, j'ai modulé la chouette en argile. Puis j'ai fait deux essais de moules en silicone. Le deuxième a été mieux réussi.

1ER ESSAI

Préparation du savon liqueur (eau + savon noir)

Passage du savon liqueur sur la chouette (pinceau)

Suivi de la préparation en silicone sur la chouette avant coulage.

Utilisation de la chape pour le moulage.

Le résultat était presque réussi. Le moule a été par endroit à l'intérieur des motifs.

Conséquence : le moule s'est déchiré par endroit et la queue cassée.

2ème ESSAI

Passage du vernis sur les ailes et la queue de la chouette

Préparation du moule en silicone

La coulée a été faite sans la chape.

Démoulage

Etant donné que la chouette n'est pas cuite, il y a eu quelques endroits cassés. Collage avec la colle pour stéatite.

Positionnement du moule en silicone dans la chape afin que tout s'accorde

Faire le tirage en woodstone

Le woodstone

55g de liquide acrylique + 110g de poudre minérale

Coulage de la masse de coulée dans le silicone

Attente séchage

Démoulage. (J'ai oublié d'enlever le surplus de produit. Le moule silicone s'est cassé).

Pour recoller le silicone afin de faire d'autres tirages, j'ai appliqué la colle pour stéatite.

Finition en peinture

Modelage en argile

La chouette et sa chape

Tirage de la chouette en woodstone

Tirage de la chouette en latex

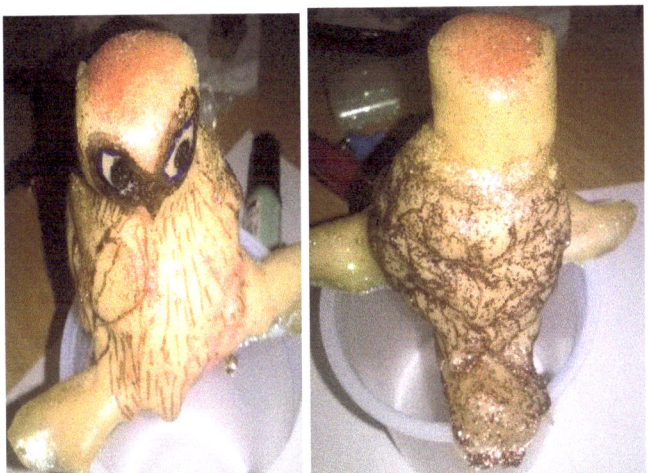

MASQUE HALLOWEEN

Protéger les sourcils et les cheveux avec une crème par exemple le nivéa.

Protéger également les vêtements et la chaise.

Préparation 50 / 50 produit silicone peau.

Appliquer directement sur le visage.

Après séchage démouler puis peindre.

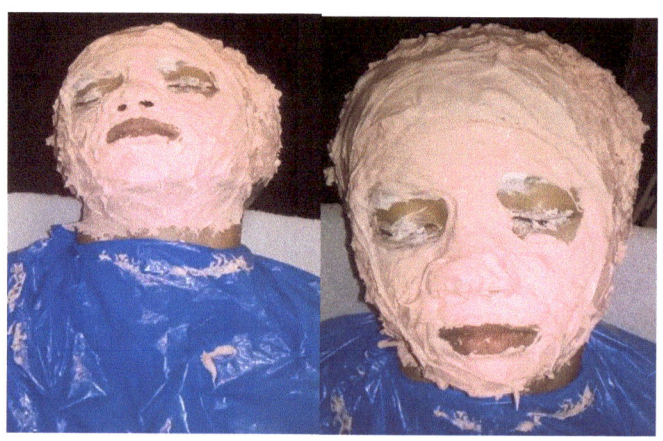

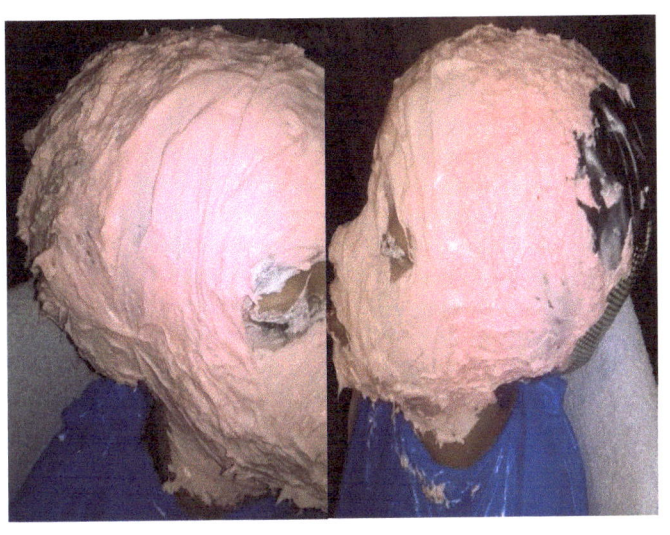

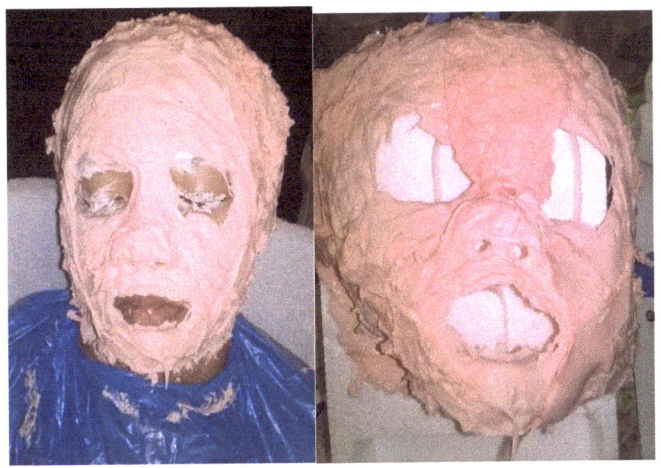

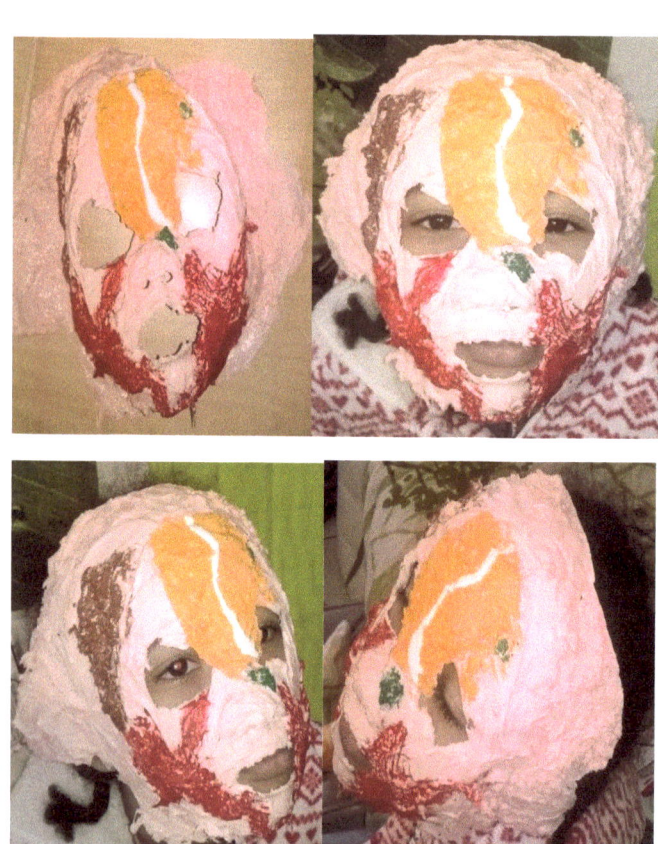

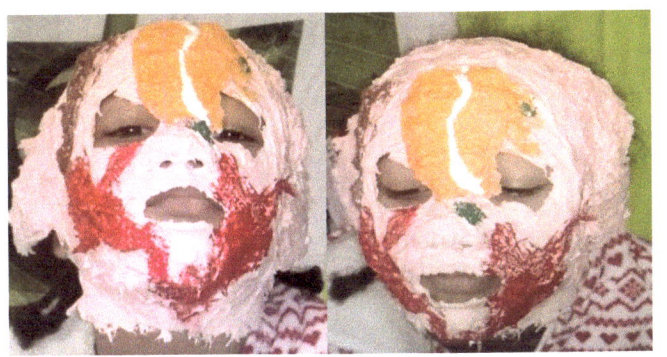

MASQUE CARNAVAL ARGILE

ET LATEX PEAU

Avec un support tête

Mettre de la crème sur le support tête afin de permettre un meilleur démoulage.

Modeler le masque avec l'argile.

Une fois séché, démouler et vaporiser le avec du vernis.

Dès que ce dernier est sec, mettre le latex peau sur le modèle. (2 couches)

Sur ces 2 couches, rajouter les bandes platrées. (1 couche)

Rajouter de l'essuie-tout.

Démouler le tout.

A l'intérieur du masque, mettre du latex peau et laisser sécher. (1 couche)

Peindre sur l'essuie-tout.

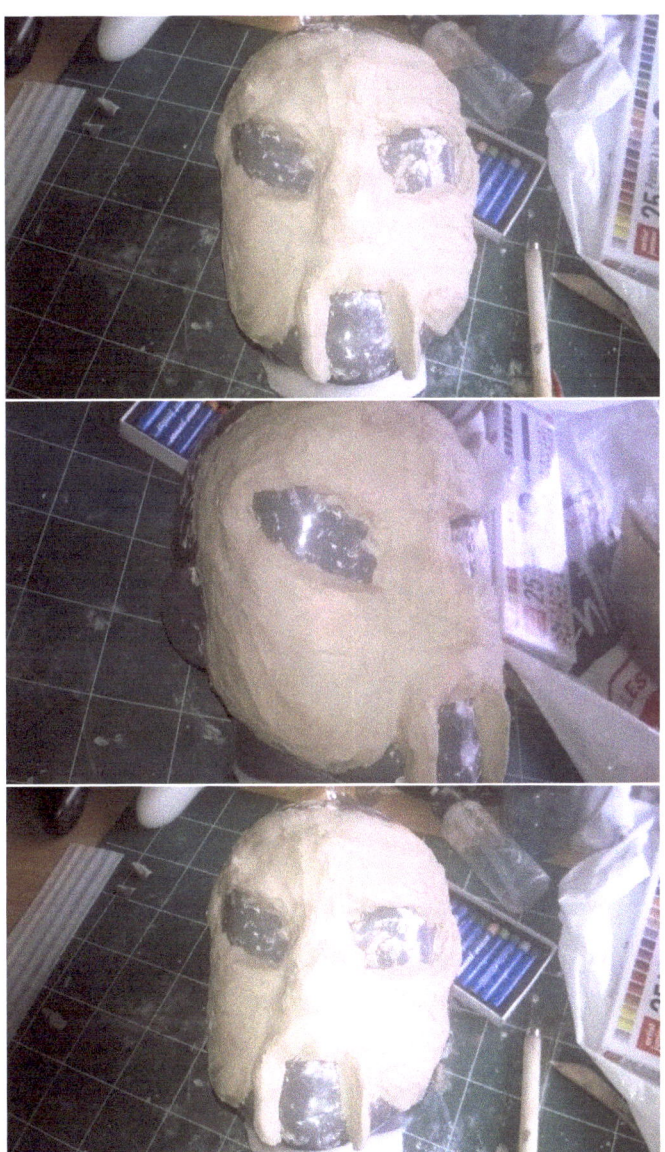

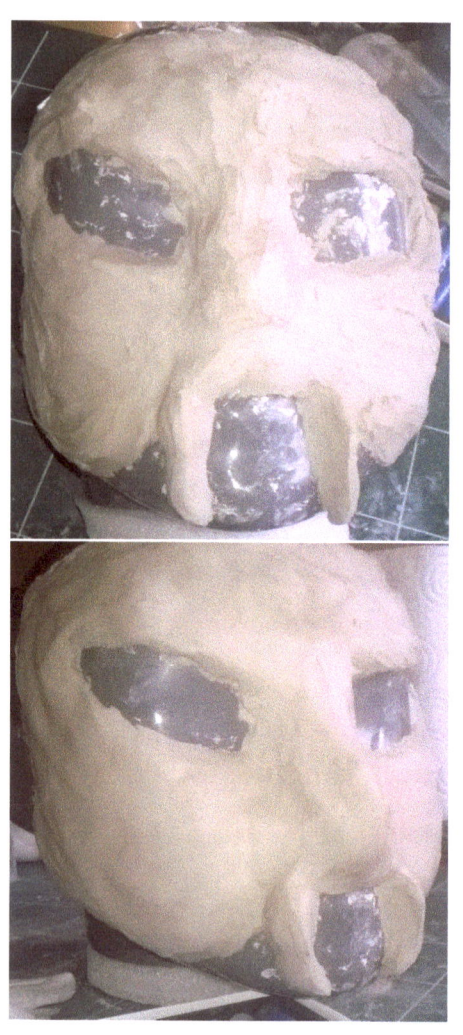

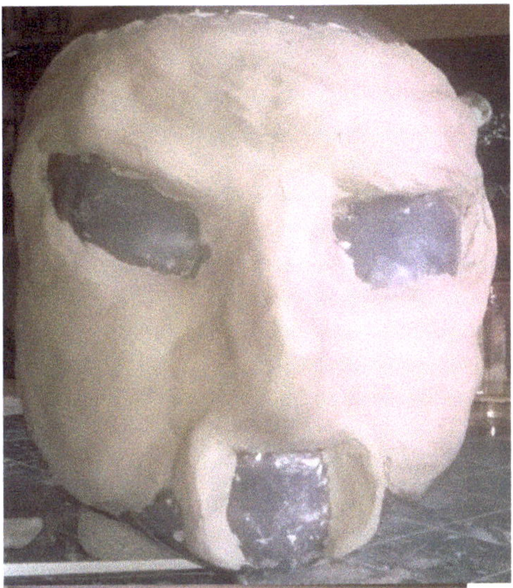

Modèle en argile

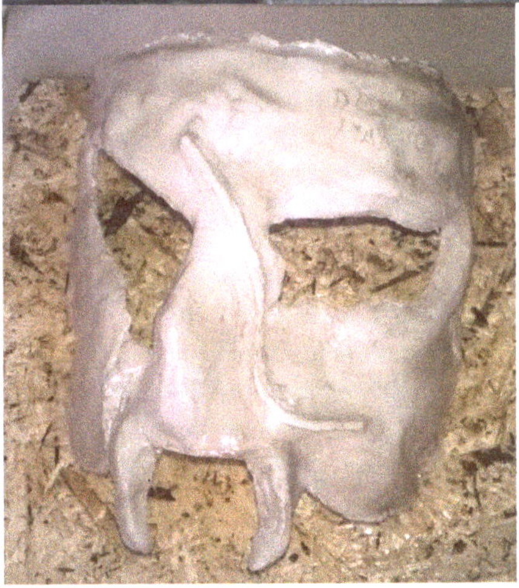

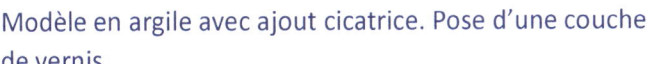

Modèle en argile avec ajout cicatrice. Pose d'une couche de vernis

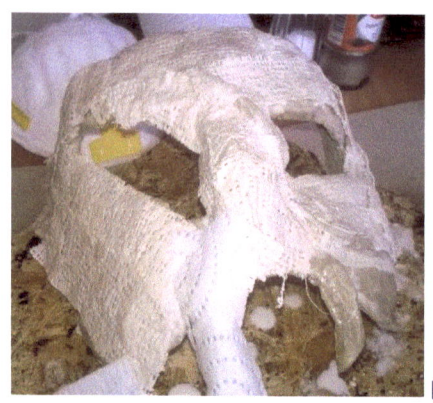

Pour le tirage

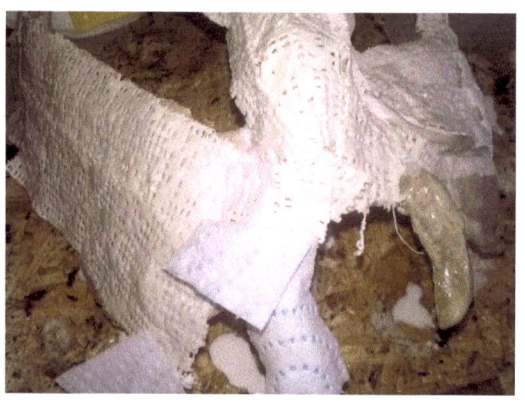

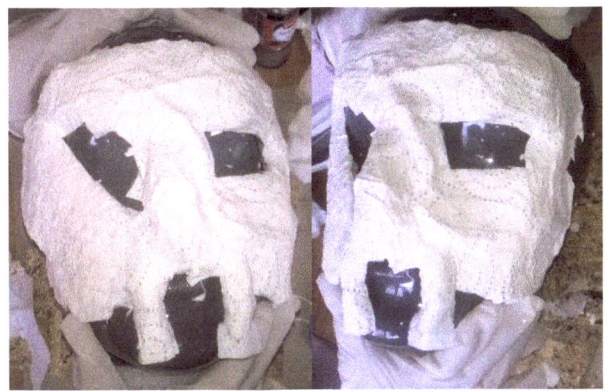

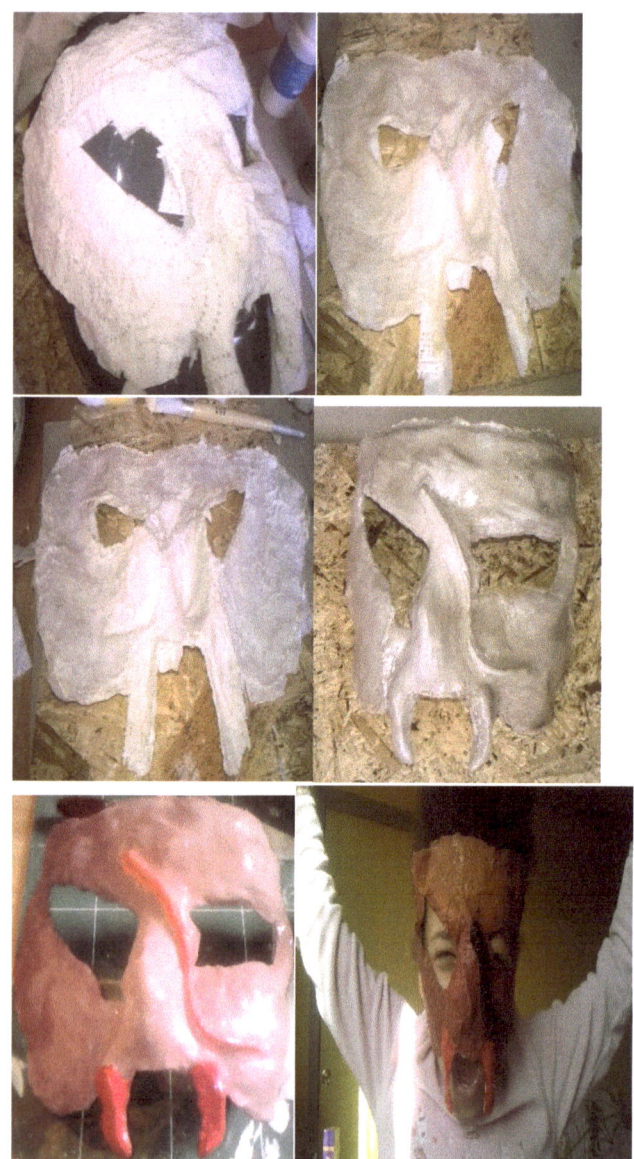

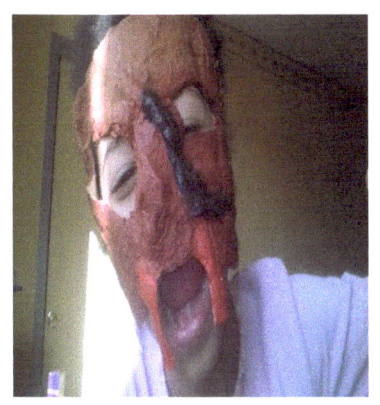

Finition au latex peau

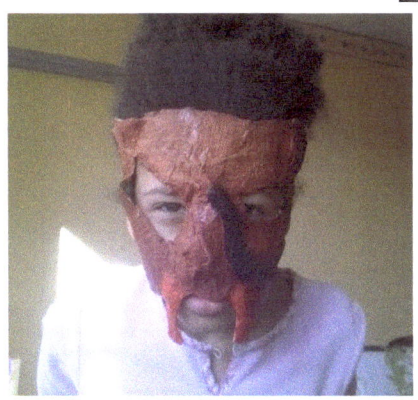

MASQUE CARNAVAL PAPIER MACHE

Même principe que précédemment.

Passer la crème nivéa ou vaseline sur le support afin de mieux décoller à la fin.

Appliquer la pâte mâchée sur le support suivant le masque que vous souhaitez faire.

Suivi de l'essuie-tout et de deux couches de pâte mâchée

Décorer.

Ici masque de sorcière.

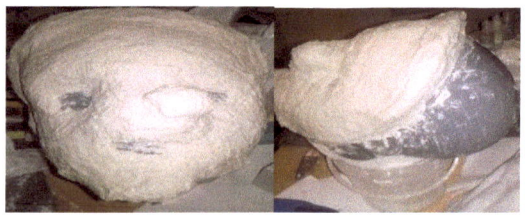

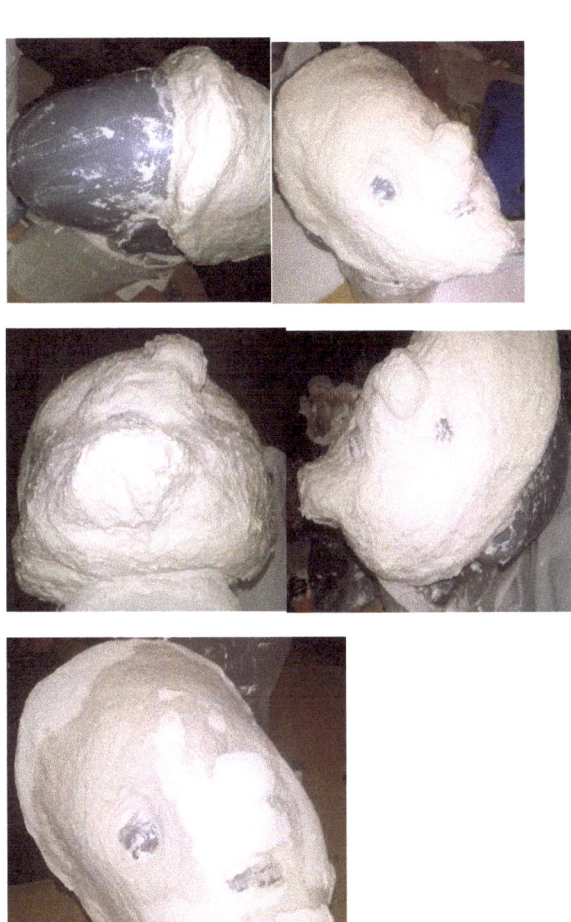

Le séchage

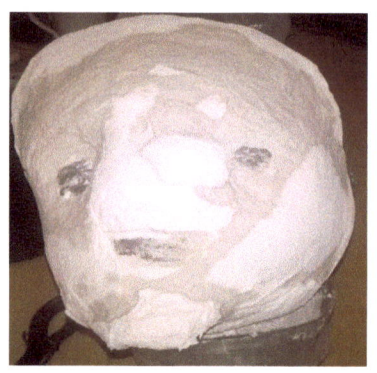

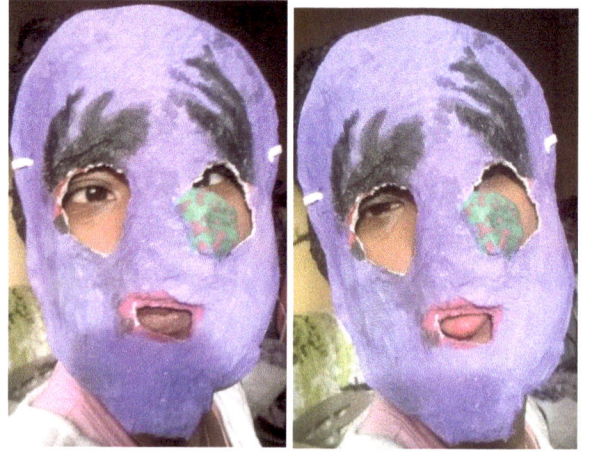

Pour celui-ci, un maquillage sous le masque oblige.

Le Faon

J'ai imprimé une image d'un faon puis découper.

Par la suite, j'ai préparé l'argile pour recevoir la sculpture.

Positionner le faon sur l'argile

Découper l'argile en contournant l'image

Décoller avec le fil à découper l'argile du socle

Récupérer le surplus de l'argile sur le support

Travailler sur la première face.

Après le séchage du faon, j'ai mis de la liqueur liquide sur ce dernier suivi du latex.

4 couches en tout. Bien attendre le séchage de la première couche avant de continuer.

Démoulage

Finition en woodstone. Avant de faire la coulée, ne pas oublier de mettre du talc à l'intérieur du moule en latex.

Au démoulage, le moule en latex s'est cassé. Une chape était très utile afin de supporter le poids du woodstone dans le latex.

Conséquence : le faon s'est affaissé

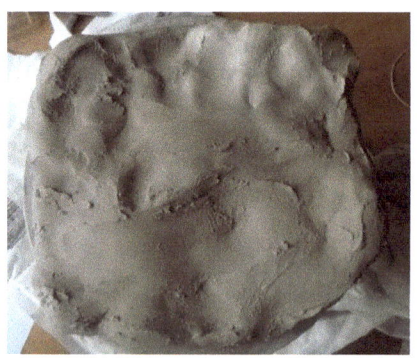

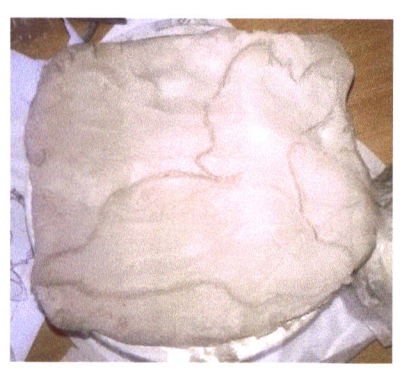

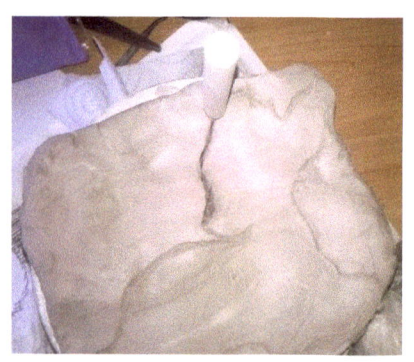

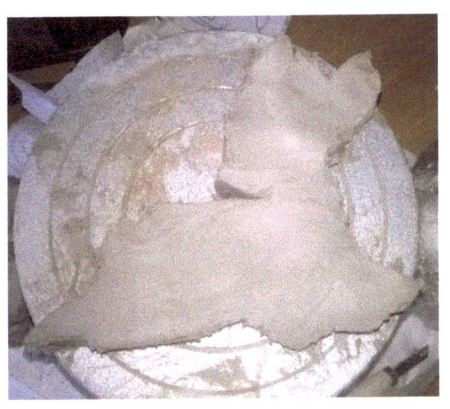

LES PORTE CLES

Dans une masse d'argile bien épaisse y reproduire chaque forme. Ici île de la Réunion, Corse, Sardaigne.

Creuser à l'intérieur de chaque forme

Laisser sécher à l'air libre

Faire la coulée en latex

Laisser sécher à l'air libre

PORTE BROSSE A DENTS

J'utilise un petit pot de yaourt puis je fais couler directement le latex à l'intérieur.

Je ne mets pas de protection pour le décollement. Le but est de protéger le latex par le plastique.

Pour les trous, passer la vaseline sur les supports d'outils de sculpture, afin de pouvoir les enlever avant séchage définitif.

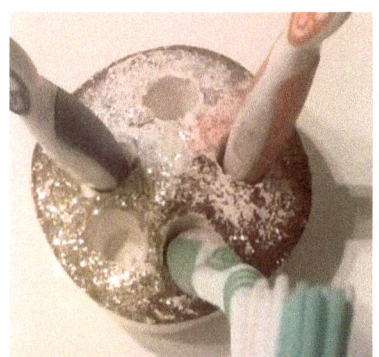

LA TETE

Pour mon apprentissage, je me suis aidée d'un livre. Le résultat bien entendu n'est pas le même.

Les étapes sont :

La création du tronc (cou, crâne, visage)

<u>Pour le visage</u>

Les yeux, le nez, les sourcils, la bouche, les oreilles et enfin le menton.

Puis faire les finitions.

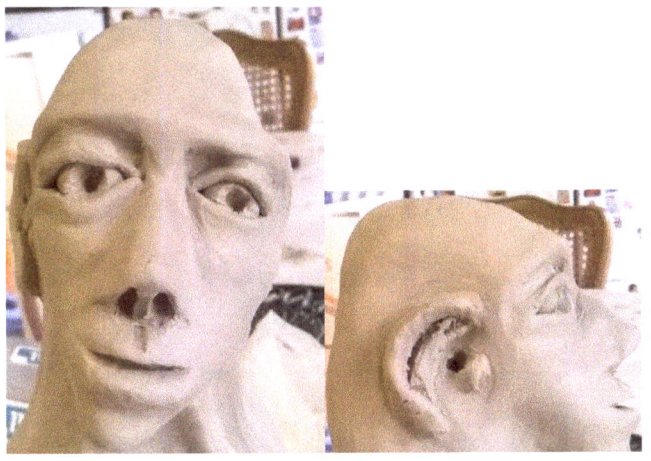

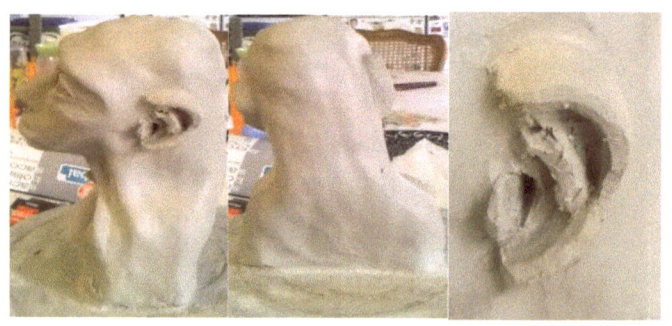

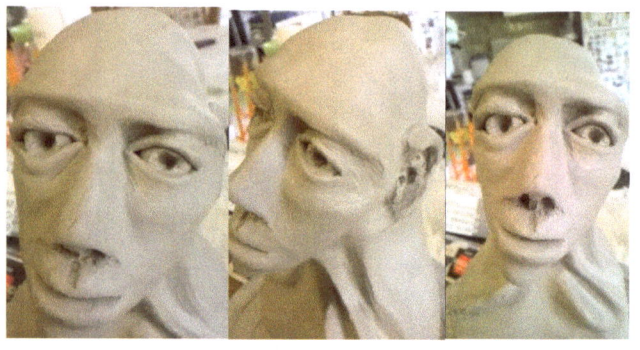

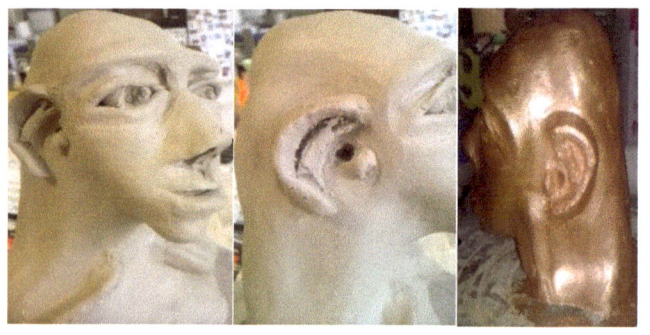

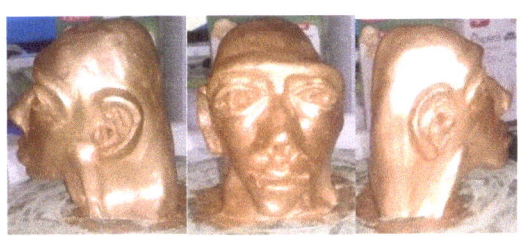

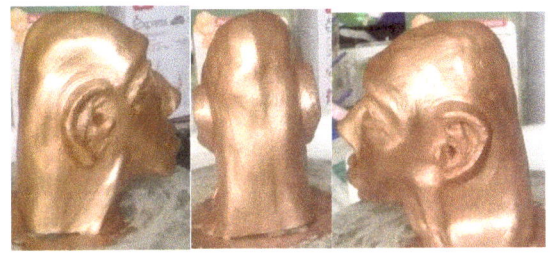

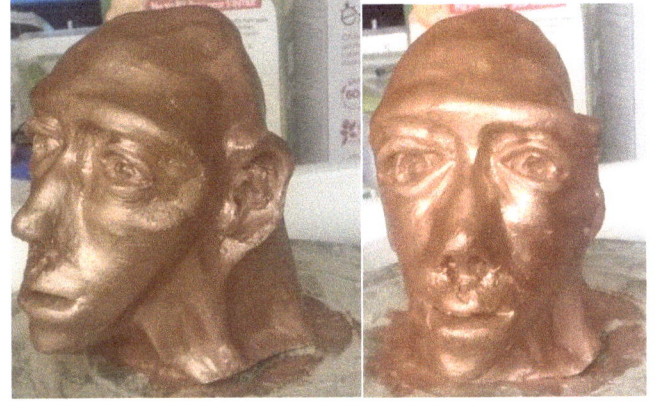

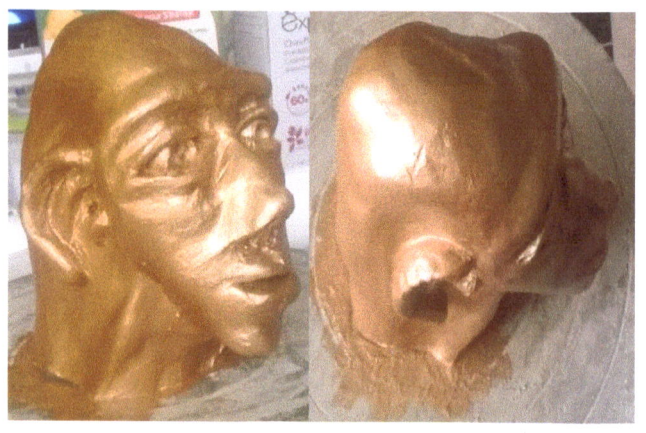

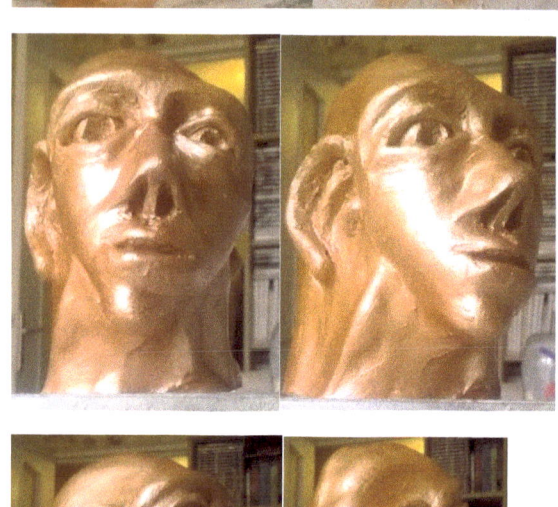

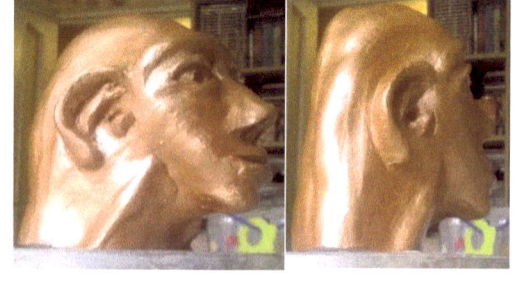

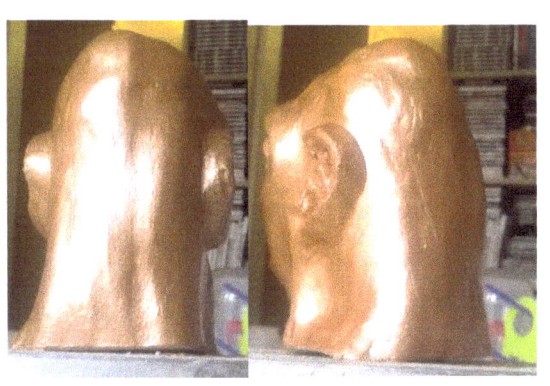

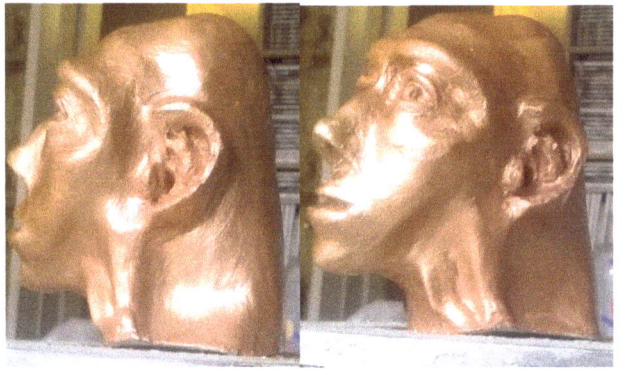

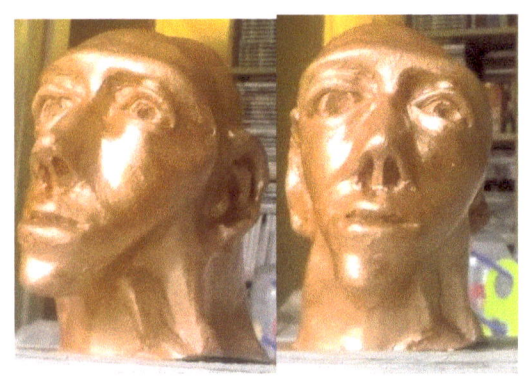

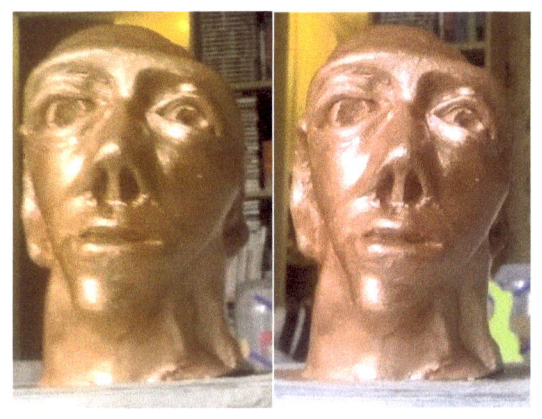

LA FEMME ET SON BEBE

Mon tout premier essai de modelage. Elle n'est pas parfaite, mais je souhaite quand même la partagé avec vous.

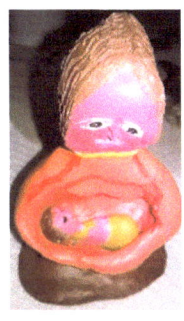

III] LA CHAPE – LE MOULAGE

Pour tous les modèles de chape, la plus simple que j'ai utilisé est de mettre les objets dans de l'aluminium afin de bien les protéger.

Par la suite je rajoute de la plastiline pour renforcer la protection.

Je rajoute un support avant de faire la coulée en plâtre.

Une fois la chape effectuée, je fais le silicone.

Pour cela, je mets l'objet dans la chape sechée, puis je fais couler la préparation du silicone à l'intérieur.

Je vous souhaite de bonnes créations.

Mes divers chapes et moulages

Les modèles ci-dessous sont mises en vente sur mon site internet : tipeilacaze.fr

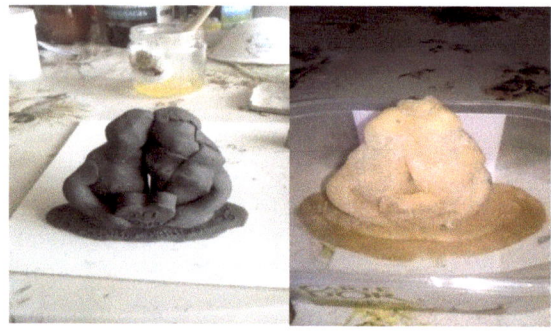

modèle en plastiline   moule en latex

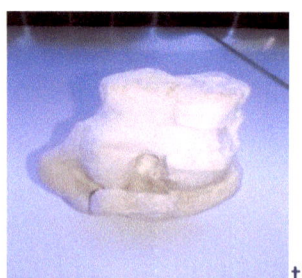tirage en woodstone des jeunes mariés. La couleur de cette statuette est très personnel. Cadeau de mariage.

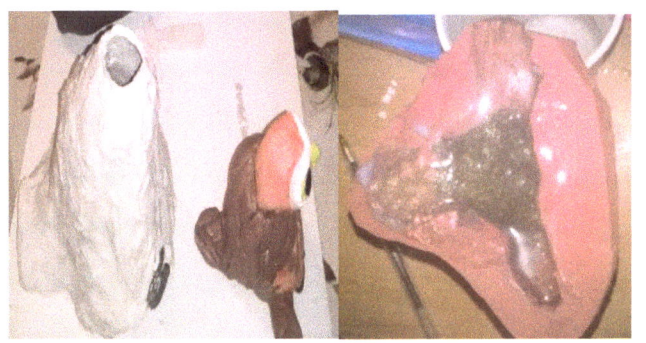

Chape et son tirage   Moule en silicone

Chape et modèle   chape et moule

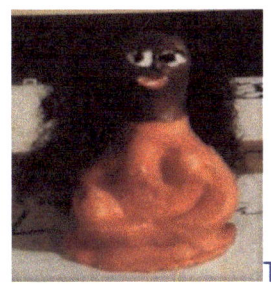
Tirage et finition

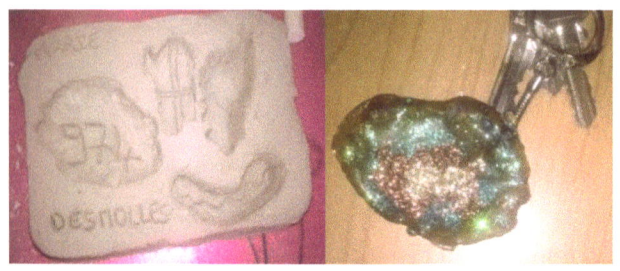

Moule en argile   Ile de la Réunion

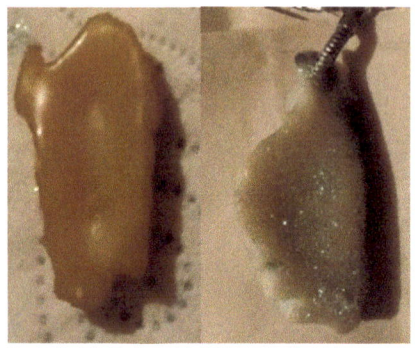

Sardaigne   Corse

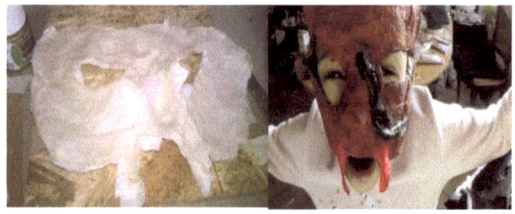

Moule tirage en latex peau   Tirage et finition

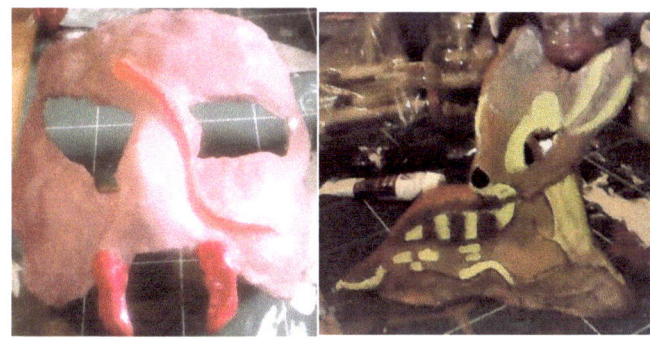

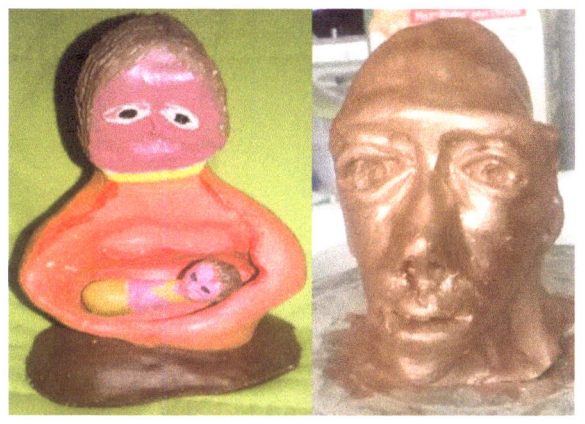

SOMMAIRE

Edition : BoD - Books on Demand
12/14 rond-point des Champs Elysées, 75008 Paris
Imprimé par Books on Demand GmbH, Norderstedt, Allemagne
ISBN : 9782322140244
Dépôt légal : avril 2017

FSC
www.fsc.org

MIXTE

Papier issu
de sources
responsables
Paper from
responsible sources

FSC® C105338